زعْما مازال فمّا الخيرْ في الدِّنْيا؟

أمل مْريصة

Is There Still Good in the World?

Tunisian Arabic Reader – Book 1

by Amal Mrissa

lingualism

ISBN: 978-1-949650-62-4

Written by Amal Mrissa

Edited by Lilia Khachroum and Matthew Aldrich

Cover art by Duc-Minh Vu

Audio by Amal Mrissa

website: www.lingualism.com

email: contact@lingualism.com

Introduction

The **Tunisian Arabic Readers** series aims to provide learners with much-needed exposure to authentic language. The books in the series are at a similar level (B1-B2) and can be read in any order. The stories are a fun and flexible tool for building vocabulary, improving language skills, and developing overall fluency.

The main text is presented on even-numbered pages with tashkeel (diacritics) to aid in reading, while parallel English translations on odd-numbered pages are there to help you better understand new words and idioms. A second version of the text is given at the back of the book, without the distraction of tashkeel and translations, for those who are up to the challenge.

New to this edition: the English translations have been revised for improved clarity and accuracy. Each story now also includes **20 comprehension questions** with example answers to help reinforce your understanding of the text. A **sequencing exercise** is provided as well, where you'll put ten key events from the story back in their correct order. These additions make the book even more useful for self-study, classroom use, or group discussions.

Visit www.lingualism.com/audio, to stream or download the free accompanying audio.

This book is also available in Modern Standard Arabic at www.lingualism.com/msar.

زعْما مازال فمّا الخيرْ في الدِّنْيا؟

سُميّة طلْعِت عالميترْو[1]، تاعْبة وجيعانة. بعْد أرْبعة سْوايِع باش تْقدّم أُطْروحِةْ الدُّكْتورا في القانون العام، وعنْدْها جِمْعة تقْريباً ما كْلات شي. كانِت تكْتفي بْشوَية خُبْز وجْبنِ خاطِر الوَقْت اللي كانِت باش تْعدّيه اِتطيِّب باش يْضيعِلْها مِن وَقْت الأُطْروحة.

الميترْو مْعبّي برْشا والنّاس قْريب ترِكْب فوق بْعضْها. هوما زادا باينِ عْليهُم التّْعب والتّمرْميد، ومِتغشّين خاطِر الميتْرو جا إمّخِّر. قال شْنُوّا، الشّوفور خلّى الميتْرو يِسْتنّى ومْشى يِشْري في باكو دُخّان، ومْبعِّد خْطُرْلو باش يَعْمِل قهْوَة ويَحْكي في التّليفون. وكيف رْجعِلْهُم، شاف النّاس مِتْغشّة، فقالِلْهُم: "عملْتو ثوْرة وْما نجّمْتوش تعْمْلو كْراهِب؟"

الثّوْرة[2] عنْدْها أكْثر مِن عشْرة سْنين مِاللي صارِت. الحقّ، سُميّة ما تعْنيلْها شَيْ الثّوْرة. هِيَّ جات مِن بْلاصة بِطْبيعِتْها مُنْعزْلة شْوَيّة سِياسِيّاً، والحْقيقة، هِيَّ ودارْهُم وحومِتْهُم سمْعو بِالثّوْرة سْمع، وتْفرّْجو فيها في التّلْفْزة واكتشْفوها مِن خِلال التّلْفْزة.

في الوَقْت هذاكا، حومِتْهُم كانِت رايْضة برْشا، والنّاس قاعْدة قُدّام دْيارْها وإلّا تِتْمشّى عادي. الثّوْرة كانِت كيما الفيلم بِالنِّسْبة ليهُم.

Is There Still Good in the World?

Somayya got on the metro, exhausted and hungry. In four hours, she would be presenting her PhD dissertation in public law, and for nearly a week, she had eaten almost nothing. She was getting by on a bit of bread and cheese because any time spent cooking would've taken time away from working on her dissertation.

The metro was packed, and people were practically climbing over each other. They looked tired and worn out, too—angry because the metro was late. Apparently, the driver had kept the metro waiting so he could go buy a pack of cigarettes, and then he decided to grab a coffee and chat on the phone. When he came back and saw the people were upset, he said to them: "You started a revolution, and now you can't even act like monks?"

The revolution happened over ten years ago. Honestly, the revolution doesn't mean anything to Somayya. She came from a place that was politically pretty quiet by nature, and truthfully, she and her family and their neighborhood only really heard about the revolution—they saw it on TV and learned about it through TV coverage.

Back then, her neighborhood was very calm—people were just sitting outside their houses or walking around as usual.

---

[1] An important means of public transportation in the greater Tunis area, the "métro" is a street-level light rail (tram/trolley).

[2] The Tunisian Revolution (December 2010 – January 2011)

بِالطّبيعة، هُروب الرّئيس كانِت حاجة مُفاجْئة لِلناس الكُلّ، ولكِن الصّدْمة ما كانِتْش نفْسْها، والفرْحة ما كانِتْش نفْسها، والخوف ما كانِش نفْسو، والتطلُّعات ما كانِتْش نفْسها.

سُميّة خْذات الباك عامِةْ الثّوْرة. قْبل الثّوْرة بِشْهر، تْبرّعِت بْعشْرة آلاف لْصُنْدوق 26-26.[1] وَقْتْها القيِّم العامّ دْخل مِتغشّش، وخرّجْها لِلسّبّورة قُدّام أصْحابْها، وسبّْها خاطِرْها هِيَّ الوَحيدة اللي ما عطاتِش فْلوس، وهدّدْها بِالأصْفار. وَقْتْها تْلزّت تِسْرق مِن بوها عشْرة آلاف وتْهِزّْهُم لِلّيسي باش يرْضى عْليها القيِّم اللي يبْدو إنّو كان مِتْحيرّ برْشا عْلى الفُقراء والمساكين اللي "اسْتنْفْعو" بْصُنْدوق 26-26.

ما عْلينا. ما يْدوم حال. سُميّة نِجْحِت وطلْعِت لِلْعاصْمة اللي صار فيها جُزْء كْبير مِن أحْداث الثّوْرة، وكانِت هاكي المرّة الأولى اللي تطلْع فيها سُميّة لِلْعاصْمة وترْكِب الميتْرو. كانِت تاخِذ الكار مع أصْحابْها، وكيف تفوتْها الكار، تاخِذ الميتْرو. اليوم، ومِن كُثْر التّْعب.

Audio Track Timestamp: [1:11]

The revolution, to them, was like a movie. Of course, the president's escape came as a surprise to everyone, but the shock wasn't the same, the joy wasn't the same, the fear wasn't the same, and the expectations weren't the same either.

Somayya got her baccalaureate (high school degree) the year of the revolution. A month before it started, she was forced to donate ten dinars to the 26-26 Fund. At the time, the school supervisor came into the classroom furious, called her up to the board in front of her classmates, insulted her because she was the only one who hadn't contributed, and threatened her with zeroes. So she ended up stealing ten dinars from her father and bringing it to school, just to appease the supervisor—who, apparently, was very concerned for the "poor and needy" who were supposedly benefiting from the 26-26 Fund.

Anyway. Nothing lasts forever. Somayya passed and moved to the capital, where much of the revolution had taken place. It was her first time going to the capital and riding the metro. She used to take the bus with her friends, and if she missed it, she'd take the metro instead. Today, it was the metro—mainly because she was too exhausted.

---

[1] The Tunisian National Solidarity Fund (FSN)–known unofficially as the "26-26 Fund" after its postal account–was founded in 1992 to aid in social projects and help the needy and relies on public and private donations.

سُميّة شافِت الوْجوه وخمْمِت: "شْبيهُم هكّا عابْسين؟ مالا قْبل الثّوْرة الوْجود كيفاش كانِت؟ تعيسة أكْثر مِن هكّا؟ والميتْرو كان مْعبّي أكْثر مِن هكّا؟ تي هاوْ باش يِطّرْشق! آنا بْزهْري لْقيت كُرْسي، أمّا الميتْرو ماشي ويِتْعبّى. فمّا وْجوه مانيش مِرْتاحِتِّلْها. يا ربيّ تُسْتُر، ويا ربيّ سامحْني."

هِيَّ سُميّة قاعْدة هكّاكا، والمْرا اللي بِجْنبْها هزّْها النّوم وحطِّت راسْها عْلى كْتِف سُميّة. ومْبعِّد فاقِت مفْجوعة، وقالِت لْسُميّة: "سامحْني بْنيّْتي! سامحْني. تْعِبْت راني مِن محْكْمة لْمحْكْمة."

"اللُّطْف عْليك يا مادام. لاباس؟ آش بيك؟"

"آش خصّْني كان لاباس يا بْنيّْتي. كان عنّا بوتيك مْتاع إلِكْتروميناجي، حلّيناه عامِت الثّوْرة وفْرحْنا بيه. النّْهار الأُوِّل تْعدّى، وفي النّْهار الثّاني قامِت الثّوْرة، وهدّو عْلينا وسِرْقولنا كُلّ شَيْ. عاوِدْنا وْقِفنا عْلى ساقينا وأنقذْنا المشْروع، يخي جِمْعْتين لْتالي صار نفْس الشَّيْ. سكّرْنا المشْروع، والنّاس اللي تسلّفْنا مِن عنْدْهُم الفْلوس باش انجْمو نْحِلو بيهُم البوتيك شاكين بينا."

"اللُّطْف عْليك يا مادام. نْشاله ترْتاح مِنْها الحْكاية وتْعاوِد تاقِف عْلى ساقيك وتعْمل مشْروع ما أكْبر."

Somayya looked at the faces around her and thought, "Why do they look so gloomy? What were people's faces like before the revolution—worse than this? Was the metro even more crowded than this? It's about to burst! I was lucky to get a seat, but it's filling up more and more. Some of these faces make me uncomfortable. May God protect us. And may God forgive me."

Somayya sat quietly, and the woman next to her nodded off, resting her head on Somayya's shoulder. When she suddenly woke up, startled, she said to her, "Forgive me, my daughter! I'm sorry. I've been running from one court to another."

"God bless you, madam. Are you alright? What's the matter?"

"How could I be alright, my dear? We had an electronics shop—we opened it the year of the revolution, and we were so happy. The first day went fine, but on the second day, the revolution broke out. They looted the place and stole everything. We managed to get back on our feet and save the business, but just two weeks ago the same thing happened again. We had to shut it down. And now the people we borrowed money from to open the shop... they've filed complaints against us."

"Bless you, madam. I hope you'll be done with this ordeal soon, get back on your feet, and start an even bigger project."

"لا، لا. يزّيني مِالمشاريع. راسي تْعرّى. ما فْهِمْتِش، ثُرْنا عالفْساد والا ثُرْنا عْلى رْواحْنا. تْخيّل، سْنين اللّه نِخْدْمو ونْلِمّو الفْلوس ونْتْسلّفو باش نْحِلّو مشْروع صْغير، ومْباعْد ما نْشوفو مِنّو حتّى فرْنْك!"

"اللّه غالِب يا مادام. الشّعب لازِم في كُلّ ثوْرة. ديما التّكْسير موْجود. نْشاله ربيّ يْعوّض عْليكُم."

"ما أسْهْلو الكْلام يا بْنيّْتي. ما يْحِسّ بِالجمْرة كان اللي يعْفِس عْليها."

"وتوّا كيفاش تْعيشو؟"

"والله آش باش نْقُلِّك؟ الرّاجِل عامِل يَوْمي، وآنا نعْمل الحْلو في الدّار، وصدّقْني حتّى الحْلو في الدّار ما مْشاش مْعايا في جُرِّةْ الكورونا. النّاس كانِت خايْفة لا تْمِسّ بْعضْها."

"وعنْدِك صْغار؟"

"أيْ. عنْدي زوز أوْلاد."

"ربيّ يْفضّلْهُمْلِك."

"اللّه يرْحمْهُم، تِقْلِب بيهُم الباتّو في حرْقة."

[3:16]

"No, no. I've had enough of projects. I'm broke. I don't understand—did we revolt against corruption, or did we revolt against ourselves? Imagine... years of working and saving, borrowing money just to open a small business—and in the end, we don't see a single dinar from it!"

"God's will, madam. There's always chaos in every revolution. There's always destruction. May God make it up to you."

"It's easy to talk, my daughter. Only the one who steps on the ember knows how it burns."

"And now, how do you make a living?"

"What can I say? My husband works day by day, and I make sweets at home. But believe me, even the sweets didn't work out during the whole COVID thing. People were afraid to touch anything—or each other."

"Do you have children?"

"Yes. I have two boys."

"May God protect them for you."

"May God have mercy on them. The boat sank with them on board during the crossing."

سْميّة قلْبْها تِقْبض. حسِّت اللي نْهارْها بْدا بِداية خايْبة، وبِحْكاية خايْبة، وحسِّت إنّو حياة المْرا اللي بِجْنبْها ياسِر تعيسة، وإنْها لازِم تعمِل المْسْتحيل باش حْياتْها ما تْكونِش كيفْها. الحْقيقة، سْميّة إنْسانة أنانية، وتِتْعامِل مْع حكايات النّاس كيما تْعامْلِت مْع الثّوْرة عشْرة سْنين لْتالي: على أساس فيلم.

سْميّة جات مِن عايْلة عادية، موش فْقيرة، وموش غْنية برْشا. أُمّْها وبوها مْوظّْفين، وهِيَّ كارْية في العاصْمة، وعْمُرْها ما واجْهِت مشاكِل في الفْلوس. مْمْكن هذا اللي يْفسِّر ردِّةْ فِعْلْها تجاه حْكايِةْ المْرا مْتاع الميتْرو. سْميّة ما قالِت شيَّ، ما قالِت كان "أووه؟"، ودوّْرِت وِجّْها خاطِرْها فدِّت مِالتّعاسة عالصّْباح.

وعْلاش باش تْحِسّ بيهُم؟ تي اللي فيها مْكفّيها. هِيَّ لا تْضرِّت مِالثوْرة ولا اسْتنْفْعِت مِنْها. هِيَّ طلْعِت باش تقْرا فقط. القانون العام تقْرا فيه بْتْمحْريث، موش بْحُب، خاطِرْها تْحِب تْوليّ قاضْية وتْوليّ تحْكي بْروحْها قاضْية. وزيد قلْقِت مِالترْانْسْبور والقْراية. أعْطيها توّا تْقدّم أُطْروحِتْها وترْتاح، والباقي تَوْ يْجي بِطْبيعْتو.

[4:02]

Somayya's heart tightened. She felt like her day had started off badly—with a bad story—and that the woman's life beside her was incredibly miserable. She felt she had to do everything in her power to make sure her life wouldn't turn out the same. Truthfully, Somayya was a selfish person. She treated people's stories the same way she had treated the revolution ten years ago: like a movie.

Somayya came from an ordinary family—not poor, not especially rich. Her mother and father were government employees. She rented a place in the capital and had never faced money problems. Maybe that's what explains how she reacted to the woman's story on the metro. Somayya didn't say anything. Just, "Oh?" and turned her face away—fed up with all the misery, first thing in the morning.

And why should she feel for them? She had enough going on herself. The revolution didn't hurt her, but it didn't benefit her either. She had only come to study. She studied public law with grit, not passion, because she wanted to become a judge and tell people she was a judge. And she was tired of transport, tired of school. All she wanted now was to give her thesis defense and be done. The rest could come in its own time.

سُميّة وِصْلِت لْمحطّةْ برْشلونة[1] وقعْدِت شْوَيّة عالأبْناك باش تْنظّم أوْراقْها وتِتْنفّس الهْواء قْبل ما تاخِذ تاكْسي لِلْجامْعة. قعْدِت، نظّْمِت الأوْراق، وتْفكّْرِت باش تْكلّم أُمّْها وتِعْلِمْها إنّْها هبْطِت مِالميترْو، خاطِر أُمّْها تْخاف مِالميترْوات وديما تْوصّيها باش تْردّ بالْها.

التّليفون مهواش في جيبْها، واللي هِيَّ حاجة طبيعية خاطِر التّليفون ما يِلْزْموش يِتْحط في الجيب كيف تِرْكِب عالميترْو. لازْمو يِتْحط في الصّاك وتْسكّر الصّاك بِالسّلْسْلة وتِكْبِس عْليها بْيدِّك. وكانِك لابِس صاك آ دوْ، إلْبِسْها بِالعكْس وحُطّْها قْدّامِك. الرّخ لا. السّهْوة لا. التّْعب لا. وبرّا حتّى كانِك تاعِب؟ ما تسْهاش وشِدّ روحِك لين توصِل وعُمْرِك لا تْورّي لِلناس إنِّك تاعِب وهش.

سُميّة حطِّت الأوْراق عْلى جْنب وبْدات تلوّج في صاكْها. ما لْقاتِش التّليفون. برْبْشِت، برْبْشِت، ما فمّا شَيْ. فرّْغِت الصّاك مرّْتين، شَيْ. عاوْدِت شافِت الجْيوب، وشيْ. آه! أكيد في صاك الپي سي! لا، مهوش في صاك الپي سي.

[5:01]

Somayya arrived at Barcelona Station and sat on one of the benches for a moment to organize her papers and get some fresh air before taking a taxi to the university. She sat down, sorted her handouts, and remembered to call her mom to tell her she'd gotten off the metro—since her mom was always scared of metros and always reminded her to be careful.

The phone wasn't in her pocket—which wasn't strange, since you should never keep your phone in your pocket when riding the metro. You have to put it in your bag, zip the bag, and keep your hand on it. If you're wearing a backpack, wear it on your chest instead. No being careless. No getting distracted. No being tired. Even if you are tired—don't lose focus. Stay alert until you're home, and never show people that you're weak or worn out.

Somayya set her papers aside and started searching her bag. The phone wasn't there. She rummaged and rummaged. Nothing. She emptied the bag twice—nothing. She checked her pockets again—nothing. Ah! It must be in the laptop bag! No—it wasn't in the laptop bag either.

---

[1] محطّة برْشلونة Barcelona Station is a Tunis light metro station located at Barcelona Square (Place Barcelone) in downtown Tunis.

سُميّة باش تِبْكي. التّليفون شْراتو جْديد بِفْلوس البورْص. زعْمة تِسْرق والّا طاح؟ أكيد خلّاتو في الميترْو. لا، أبداً تنْسى تليفون جْديد في الميترْو. زعْمة المْرا سرْقِتّو؟ أيْ! سرْقِتّو أكيد.

"قدّاشْها ما تِحْشِمْش وما تْقدّرْش! وقدّاشْها نكّارة لِلنِّعْمة. لا يِزّي تُرْقُدْلي علْى كِتْفي، وزيد تْشوّمْلي بصْباحي بِحْكايات كي وِجْها، وزيد تِسْرقْلي تليفون!؟ لا مالا تِسْتاهِل اللي صايِر فيها وتِسْتاهِل السِّرْقة. ووالله ما نلْقاها ونِشْكي بيها ونفْضحْها!"

سُميّة سْتنّات الميترْو اللي بعْدو وطلْعِت فيه.

وقالِت: "المْرا باش نلْقاها يَعْني باش نلْقاها. وكان لْزِم تو نْدور نِسْإل علْيها في المحاكِم. أصْلاً الأُطْروحة انّاقِشْها بعْد ثلاثة سْوايِع. مازال عنْدي وَقْت."

هِيَّ طلْعِت، وباب الميترْو تْسكّر، وحسِّت روحْها أخف مِالعادة. طلْعِت الحْكاية إنْها نْسات الپي سي في محطّةْ برْشلونة! سُميّة ضرْبِت عالباب باش يْحِلْهولْها الشّوفور، ولكِن لا حياةَ لِمن تُنادي.

[5:57]

Somayya was about to cry. She had bought the phone recently with her scholarship money. Was it stolen, or had it fallen somewhere? She must have left it on the metro. No—she would never forget a brand-new phone on the metro. Could that woman have stolen it? Yes! She definitely stole it.

"How shameless and ungrateful! She had the nerve to fall asleep on my shoulder, ruin my morning with her pitiful stories and that face of hers—and then steal my phone on top of it?! She deserves everything that's happening to her. She deserves to be robbed. I swear, if I find her, I'll report her and expose her!"

Somayya waited for the next metro and got on.

She said, "I'm going to find that woman—I *will* find her. And if I have to, I'll go from court to court asking about her. Anyway, I still have three hours before my dissertation defense. I've got time."

She got on, the metro door closed—and she felt lighter than usual. That's when she realized she had left her laptop at Barcelona Station! Somayya banged on the door, hoping the driver would open it—but no use. No one answered.

هبْطِت في المحطّة اللي بعْدْها، وخْذات الميتْرو الرّاجِع لْبرْشلونة وهِيَّ تبْكي. وَقْتلي رْجع الميتْرو لْبرْشلونة، هبْطِت وفي قلْبْها شْوية أمل. بِطْبيعةْ الحال، الپي سي ماهواش موْجود، والبنْك تلْقاه نْظيف.

"عْلاه هكّا يا ربيّ! الپي سي مْتاعي وين؟؟ الشْوارع اِمّسْخة، والدِّنْيا ما تِنْظاف كان مِن حاجِةْ النّاس! يا ربيّ، تليفوني تِسْرق والپي سي تِسْرق والدُّكْتورا باش اِنّاقِشْها شْوَيّة آخِر! شْنوة باش اِنْقُلْهُم وشْكون باش يْصدّقْني؟ شْنعْمل؟؟"

سْميّة يئْسِت مِن كُلّ شَيْ، وقعْدِت عالبنْك مْتاع محطّة برْشلونة تِبْكي، تِبْكي، تِبْكي ."ملّا سْرّاق. البْلاد تْعبّات بِالسُّرّاق. يا ليتْني ما قْريت قانون، ويا ليتْني ما جيت لِلْعاصْمة. كان شدّيت دارْنا خيرْ! ثْمْنْية سْنين نقْرا عْلى قانون كي بيه كي بْلاش، ونْهارةْ اللي جيت باش نْدافع عْليه، يِتْسرْقولي أغْلى حاجات شْقيت عْليهُم!"

سْميّة حسِّت بِالظُّلْم، وحسِّت إنّو السّْنين اللي عدّاتْهُم في القْراية الكُلّ مْشاوْ هباءً. فِقْدِت الأمل في كُلّ شَيْ، وبْقات تِبْكي. ما عنْدْهاش تليفون باش تْكلّم المؤُطّر والجامْعة وتِعْلِمْهُم بِاللي صار، والخِدْمة مْتاعْها الكُلّ مْسجّْلة في الپي سي.

[6:53]

She got off at the next station and took the metro back to Barcelona, crying the whole way. When she arrived back at the station, she got off with a little hope in her heart. Of course, the laptop was gone, and the bench was spotless.

"Why, God?! Where's my laptop?! The streets are filthy, but the only thing that gets cleaned is other people's stuff! Oh God—my phone's stolen, my laptop's stolen, and I'm about to defend my dissertation! What am I going to say? Who's going to believe me? What should I do?!"

Somayya had lost hope in everything. She sat on a bench at Barcelona Station, crying and crying and crying. "So many thieves! The whole country is full of thieves. I wish I'd never studied law. I wish I'd never come to the capital. I should've just stayed home! Eight years studying law—for what? A degree that's worth nothing. And the one day I came to defend it, the most valuable things I worked so hard for were stolen from me!"

Somayya felt deeply wronged. It felt like all the years she had spent studying had gone to waste. She lost hope in everything and kept crying. She had no phone to call her supervisor or the university and explain what had happened, and all her work was saved on her laptop.

صْحيح هِيَّ سجّْلِت خِدْمِتْها عالإيمايْل زادا، ولكِن حلّان الإيمايْل لازْمو كود، والكود يوصِل لِلتّليفون، والتّليفون مسْروق!

هِيَّ قاعْدة هكّاكا، عينيها حْمُر مِالبْكاء ويائْسة مِن كُلّ شَيْ، جاها طْفُل وسْألْها: "أُخْتي، لاباس ماو؟ شْبيك تِبْكي؟"

سْمِيّة هزِّت راسْها وشافِت الطّْفُل، ولكِنّْها توّا ولّات خايْفة مِن كُلّ شَيْ ومِالنّاس الكُلّ. الطّْفُل كان ظاهِر نْظيف وما يْخوّفْش، ولكِن المْرا اللي كانِت في الميتْرو مْعاها الصّْباح هِيَّ زادا كانِت ظاهْرة نْظيفة وما تْخوّفْش.

سْمِيّة غزْرِت لِلطّْفُل وقالِتْلو: "هْمْم… ما عنْدِك ما تْهِزّ مِن عنْدي. ما عنْدي شَيْ. عنْدي حقّ تاكْسي وبطّلْت مانيش باش ناخِذْها التّاكسي. هِزّ الفْلوس وسيّبْني."

"أُخْتي شْبيك لاباس؟ جيت نِسْإل عْليك، ما جيتِش باش نِسْرْقِك. اللُّطْف عْلِيّا وعْليك وعْلينا الكُلّ مِالسِّرْقة. شُفْتِك تِبْكي وَحْدِك قُلْت نْشوفِك تِسْتحقْشي حاجة. أمّا كاني مْقلّْقِك، هاني ماشي."

هوما قاعْدين هكّاكا، ووْقِفِّلْهُم راجِل كْبير، وسْألْهُم: "آش فمّا؟ لاباس؟"

[7:55]

Sure, she had backed up her work to her email too—but logging in required a verification code. And the code goes to her phone. And the phone had been stolen!

As she sat there, eyes red from crying and despairing over everything, a young man came up to her and asked, "Sister, are you okay? Why are you crying?"

Somayya raised her head and looked at him—but by now, she was afraid of everything and everyone. The guy looked decent and harmless, but then again, the woman on the metro that morning had also looked decent and harmless.

Somayya looked at the young man and said, "Hmm... there's nothing for you to take from me. I have nothing. I just have taxi fare—but I'm not even taking the taxi anymore. Take the money and leave me alone."

"Are you okay, sister? What's wrong? I came to check on you, not to steal anything. May God protect me and you—and all of us—from theft. I saw you crying alone and thought maybe you needed something. But if I'm bothering you, I'll go."

As they sat there, an elderly man walked over and asked, "What's going on? Is everything okay?"

فجاوْبو الطُّفُل: "والله ما نعْرف. ما حبِّتْش تحْكي. يُظْهُرْلي تبْراكات. سْألْتْها شْبيك قاتْلي ما عنْدِك ما تهزّ مِن عنْدي كُلّ شَيْ تْهزّ."

الرّاجِل قْرُب لْسُميّة وعاوِد سْألْها: "بِنْتي العْزيزة، اللُّطْف عْليك. آش بيك؟ أحْكيلْنا بِالْكْشي انّجْمو نْعاوْنوك."

سُميّة هزِّت راسْها مرّة أُخْرى، وشافِت إنّو العْباد تْلمّو عْليها. غْريبة! عْلاش زعْمة باش يعْطيوْها مِن وقتْهُم وجِهْدْهُم وهوما بيدْهُم يعْلم بيهُم ربيّ؟ هِيَّ معادْش عنْدْها شَيْ. ما عنْدْهُم باش يْهِزّو مِن عنْدْها. مازال عنْدْها حقّ تاكْسي لِلجامْعة، كان يحِبّو ياخْذو العشْرة آلاف ويقْسْموها بينات بْعضْهُم، عادي. ولكِن في نفْس الوَقْت، هِيَّ مهياش خاسْرة شَيْ. وبرّة كان بْكُلُّهُم نطّارة؟ ما تخْسر شَيْ كان تْفضْفْضِلْهُم.

قالْتِلْهُم: "اليوم باش انِاّقِش أُطْروحْتي في القانون، ياخي تليفوني تِسْرق في الميتْرو."

قال الرّاجِل الكْبير: "يا بْنيِّتي دافْعة بْلاء وربيّ يْعوّض. تو تْشِدّ خِدْمة وتِشْري ما خيرْ مِنّو التّلفون. ما تِبْكيش عْليه. قوم يْعيِّش بِنْتي أغْسِل وِجْهِك وحضّر روحِك."

"آنا كيف فِقْت بِالتّليفون تِسْرق، رْجعْت لِلْميتْرو."

[8:52]

The young man replied, "Honestly, I don't know. She didn't want to talk. I think she got robbed. I asked what was wrong, and she told me, 'There's nothing left for you to take. Everything's already been taken.'"

The old man stepped closer to Somayya and asked again, "My dear daughter, God bless you. What's wrong? Talk to us. Maybe we can help."

Somayya lifted her head again and saw that people had gathered around her. Strange... why would they give her their time and energy when they probably had their own struggles? She had nothing left. Nothing anyone could take from her. Just her taxi fare to the university—if they wanted to split the ten dinars between them, fine. But at the same time, she had nothing to lose. So what if they were all thieves? She wouldn't lose anything by talking to them.

She said to them, "Today, I'm supposed to defend my law thesis, but my phone got stolen on the metro."

"The old man said, "My daughter, take it as a test from God—He will make it up to you. You'll get a job now and buy a phone even better than the one you lost. Don't cry over it. Come on, my daughter—go wash your face and get yourself ready."

"When I realized my phone had been stolen, I went back to the metro."

“وآش صار؟”

“صار ما أتْعس. طْلعْت نْسيت الپي سي عالبنْك هذا.”

فقالت مْرا مِالواقْفين اللي مْعاهُم: “مِسْكينة بْنيْتي تمْهمْشِت مِالفجْعة ونْسات الپي سي ياخي تْهزِّلْها. مْشيت سْألْت اللي يْقُصّ التّيكِيّات؟ بِالكْشي خلّاوهِ عنْدو. آنا فمّا مرّة ضيّعْت شْهايْدي في منّوبة، ياخي نلْقاهُم عنْد اللي يْقُصّ التّيكِيّات في محطِّةْ الميترْو. برّا جرِّب واسْأل.”

سُميّة غزْرِت لِلْمْرا بْبرْشا حُزْن، وقالِت: “محْسوب حتّى كان جاه الپي سي، ماهو باش يْخلّيه عنْدو. يزخي باش يبْقى يِسْتنّى في مولاه؟ النّاس الكُلّ ذْيوبة.”

“لا يْعيِّش أُخْتي ما تْقولِش هكّاكا. صْحيح البْلاد شادّينْها سُرّاق، ولكِن كُلّ واحِد يِتْعامِل بْأصْلو، والخيرْ مازال موْجود في الدِّنْيا. برّا جرّب زهْرِك واسْأل يْعيِّش أُخْتي. موش النّاس الكُلّ سُرّاق. إمْشي أسْأل، هانا نِسْتنّاوْ فيك.”

سُميّة قامِت مِن بْلاصِتْها ومْشات لِلْقشا مْتاع المحطّة. طلِّت مِالشّبّاك الصّْغير، وسألِت الرّاجِل: “عسْلامة؟”

[9:53]

"And what happened?"

"Something even worse. I had left my laptop on this bench."

One of the women standing nearby said, "Poor girl—she was so shaken up she forgot the laptop, and someone must've taken it. Did you ask the ticket agent? Maybe they turned it in to him. One time, I lost my certificates in Mannouba, and I found them with the ticket agent at the metro station. Go try and ask."

Somayya looked at the woman with deep sadness and said, "Even if someone gave him the laptop, do you really think he'd hold onto it? Would he wait for its owner to come back? Everyone's a wolf these days."

"Don't say that, sister. Yes, the country's full of thieves, but each person acts according to their own character. There's still good in the world. Go try your luck and ask, sister. Not everyone's a thief. Go ask—we'll wait for you here."

Somayya got up and went to the station's booth. She peeked through the small window and asked the man, "Hello?"

"لْوين أُخْتي؟"

"بْربيّ نْحِبّ نسْأل. خلّيت الپي سي مْتاعي عالبنْك هوني في المحطّة، قُلْت بِالِكْشي جابوهولِك."

"وَقْتاش خلّيتو؟"

"ساعة لْتالي."

"وشْنُوّا نوْعو؟"

"لونوفو أكْحل."

"لا أُخْتي. ما جاني شَيْ."

"زيد ثبّت يْفرّْحِك. والله خِدْمْتي الكُلّ فيه."

"وراسِك لا جابْلي حدّ حتّى پي سي. وهُوَّ اللي يَلْقى حاجة كيما هكّة في الشّارع، يْسلّم فيها؟ هاك تْشوف أُخْتي، النّاس تِجْري وما تخْلط، واللي هذا يْحاوِل كيفاش يْدبّر راسو ويْبيع مِنّا ومِن غادي."

"يْفرّْحِك، نْخلّي عنْدِك نومْرويا، وكان سْمعْت بْأيّ حاجة تْكلّمْني؟"

"باهي. قيّد نومْروك هوني. كان سْمعْت بْحاجة، نْكلّْمِك طول."

[10:46]

"Where to, sister?"

"Please, I just want to ask. I left my laptop on the bench here at the station and thought maybe someone brought it to you."

"When did you leave it?"

"An hour ago."

"What brand is it?"

"Lenovo. Black."

"No, sister. Nothing was brought to me."

"Please double-check, I beg you. All my work is on it."

"I swear, no one gave me anything. And someone who finds something like that in the street—would they really hand it in? You see how it is, sister—people are rushing around, and everyone's just trying to get by, buying and selling whatever they can."

"God bless you. I'll leave you my number—would you call me if you hear anything?"

"Alright. Write your number down here. If I hear anything, I'll call you right away."

سُميّة رجْعِت لِلجْماعة يائْسة، وقالْتِلْهُم عاللي صار. تْفكّْرِت إنّْها عْطات لِلرّاجِل نومْرو تليفونْها المسْروق، ولكِنّْها يائْسة في الحالات الكُلّ.

الطّْفُل اللي وقْفِلْها مِالأُوِّل قالِلْها: "ما تْأيّسْش. النّاس يْعاوْنو راهو. بْكُلْنا تِبْراكينا والّا تْسرْقِتِّلْنا حاجة في هالْبْلاد، ولكِن ما نْأيّْسوش. شْنُوّا نوْعو تليفونِك وشْنُوّا نوْع الپي سي مْتاعِك؟ تَوْ نْهبّْطْهُم عالفيْسْبوك، ونمْشيو لِلْمركِز نْخبّْرو عْليهُم."

سُميّة عْطات لِلطّْفُل الرّيفيرونْص مْتاع التّليفون والپي سي، وشكْرِتّو برْشا. وَقْتِلي الطّْفُل هبّط عالفيْسْبوك، لْقى برْشا تفاعُل، وبرْشا ناس بْعثولو تْصاوِر تليفونات وبيسِيّات لْقاوْهُم مْطيّْشين، وسأْلوه إذا كانو يْلوّج علْى أيّ حاجة مِنْهُم. ومع ذلِك، حتّى حاجة فيهُم لاهي تابْعة لسُميّة.

الأُطْروحة معادش عْليها وَقْت. مازالِت عْليها ساعة ونُصْف. الطّْفُل قْعد بِجْنب سُميّة وجْبِد الپي سي مْتاعو، وقالِلْها: "إنْتِ مْسجّْلة خِدْمْتِك عالإيمايْل ماو؟"

"أيْ، أمّا الإيمايْل مرْبوط بِالتّليفون."

Somayya returned to the group, discouraged, and told them what had happened. She remembered that she had given the man her stolen phone number—but at that point, she was desperate either way.

The young man who had approached her earlier said, "Don't give up. People do help each other. All of us have had something stolen in this country—but we don't lose hope. What kind of phone and laptop do you have? I'll post about them on Facebook and we'll go report it to the police station."

Somayya gave the young man the reference details of the phone and the laptop, and thanked him a lot. When he posted on Facebook, he got a lot of responses. Many people sent him photos of phones and laptops they had found, asking if he was looking for any of them. But none of them belonged to Somayya.

There wasn't much time left before the thesis—just an hour and a half. The young man sat next to Somayya, opened his own laptop, and said, "You saved your work to your email, right?"

"Yes, but my email is linked to my phone."

"في بالي. ولكِن إنّجْمو نْطلّْعوه بِالسُّؤال السّرّي زادا. تِتْفكّْرو السُّؤال والإجابة مْتاعو؟"

"يْظهُرْلي، أيْ."

"هاك، إكْتِب الإيمايْل مْتاعِك."

سُميّة كِتْبِت الإيمايْل مْتاعْها، وطلْعولْها الأسْئْلة الخاصّة بِالإيمايْل. السُّؤال الأوّل كان: تِتْفكّرو آخِر مودوباس عْملْتو؟

سُميّة كِتْبِت آخِر مودوباس تِتْفكّْرو.

السُّؤال الثّاني كان: وَقْتاش عْملْتو كونْط الإيمايْل؟

سُميّة تِتْفكّر الإجابة مْليح خاطِرْها عمْلِت الكونْط نْهار عيد ميلادْها، فكِتْبِت: سُطّاش أفْريل.

الإيمايْل تْحلّ! سُميّة فرْحِت وطارِت مِالفرْحة. لوّْجِت عْلى خِدْمِتْها ولْقاتْها أخيراً.

الطّْفُل فْرح مْعاها، وفرْحو النّاس الكُلّ اللي مْعاها. الطّْفُل، اللي إسْمو أمين على فِكْرة، مدِّلْها اليي سي مْتاعو وقاللْها: "خوذ. هِزّو إخْدِم بيه. سايْسو شْوَيّة برْكا خاطْرو قْديم وهذاكا المكْسِب. آنا بيدي نِخْدِم بيه، ونعْرْفِك آش تْحِسّ."

[12:20]

"I figured. But we might be able to access it with the security question too. Do you remember the question and the answer?"

"I think so, yes."

"Here, type in your email address."

Somayya typed in her email address, and the security questions appeared. The first one was: Do you remember your last password?

Somayya typed the last password she could remember.

The second question was: When did you create your email account?

Somayya remembered clearly—she had created the account on her birthday. She typed: April 16th.

The email opened! Somayya was overjoyed—she felt like she could fly. She looked for her work... and finally found it.

The young man was happy with her, and everyone around her was happy too. The young man—his name was Amin, by the way—handed her his laptop and said, "Take it. Use it to work. Just go easy on it because it's old—that's all I've got. I use it myself, so I know how you feel."

"يْعيّْشِك! إيجا مْعايا لِلفاك مالا نْقدّم بيه أُطْروحْتي وهِزّو مْعاك مْبعّْد."

"لا ميسالِش هِزّو مْعاك. آنا داخِل نقْرا توّا. هاوْ نومْرويا، كيف تْكمّل بيه قُلّي. كلّمْني مِن أيّ تليفون وقُلّي تَوْ نْجيك. ربّي يْعوّض عْليك أُخْتي."

سْميّة شكْرِت الطّْفُل برْشا ودْعاتْلو برْشا، ووِعْدِتّو إنّْها باش تْرجّعْلو الپي سي مْتاعو أوّل ما تْكمّل. المْرا اللي اقْترْحت انّْها تْكلّم ڤيشي برْشلونة كلّْمِت صاحْبِتْها وطلْبِت مِنْها إنّْها توْصّل سْميّة لِلْجامْعة.

بعْد وَقْت قْصير، لْقات سْميّة كرْهْبة تِسْتنّى فيها بِجْنب المحطّة. سْميّة ما صدّْقِتْش كيفاش النّاس تْجنّْدو باش يْعاوْنوها، وهوما بيدْهُم مزْروبين ويعْلِم بيهُم ربّي، وكانو يْنجّْمو يْكونو أنانِيّين كيفْها هِيَّ مْع حْكايةْ المْرا اللي قعْدِت بِجْنبْها في الميترْو، ولكِنّْهُم اخْتارو إنّْهُم يْعاوْنو بِاللي يْنجّْمو.

أمين ما يَعْرفْش سْميّة، ومْع ذلِك عْطاها الپي سي مْتاعو على الرّغْم مِن إنّو قْديم وما عنْدوش غيرو. كانِت تْنجّم تِسْرْقو والّا تْبيعو، ولكِنّو اخْتار إنّو ياثِق فيها ويْعاوِنْها بِاللي يْنجّم.

[13:13]

"Thank you! Come with me to the university then—I'll present my thesis and give it back to you afterward."

"No, it's fine. Take it with you. I'm heading to class now. Here's my number—when you're done with it, just call me from any phone and I'll come get it. May God make it up to you, sister."

Somayya thanked the young man warmly and prayed for him. She promised to return the laptop as soon as she was finished. The woman who had suggested she speak to the ticket agent called her friend and asked her to take Somayya to the university.

A short while later, Somayya found a car waiting for her near the station. She couldn't believe how willing people were to help her, even though they themselves were busy and God knows what they were dealing with. They could have been selfish, just like she had been that morning with the woman on the metro—but instead, they chose to help however they could.

Amin didn't know Somayya, and yet he gave her his laptop—even though it was old and the only one he had. She could have stolen it or sold it, but he chose to trust her and help her with whatever he could.

الطُّفْلة اللي كلُّمِتْها صاحْبتْها باش تْوصّل سُميّة كيف كيف، ما تعْرفْش سُميّة. ومْع ذلِك اخْتارت إنْها تُخْرُج مِالخِدْمة وتطْلع في الكرْهْبة وتْسوق باش تْوصّل طُفْلة مُحْتاجة، وهِيَ أصْلا ما تعْرفْش لْأماهي جامْعة باش يمْشيوْ وما عنْدْها حتّى فِكْرة عاللي صايِر. كُلّ ما تعْرف هُوَّ إنّو فمّا طُفْلة تحْتاج شْكون يْوَصّلْها خاطِر عنْدْها أُطْروحِةْ دُكْتورا باش تْقدّمْها. وهاذُم كانو معْلومات كافْية باش هِيَّ تمْدّ يِد المُساعْدة بِاللي تْنجّم.

الرّاجِل الكْبير اللّهُ أعْلم شْنُوّا وْراه وباش تْعدّى واللهُ أعْلم بْصحّْتو وظْروفو. ومْعَ ذلِك اخْتار إنّو ياقِف ويسْأل عْلى سُميّة ويْحاوِل مْعاها ويْلِمّ عْليها النّاس. ولكِن كان بْيِدّو زادا إنّو يْكمّل في طْريقو ويعْمل روحو ما شاف شَيْ.

سُميّة خْذات الپي سي وطلْعِت لِلْكرْهْبة. لْقات طُفْلة في عْمُرْها أو أكْبر مِنْها بِشْوَيّة تِسْتنّى فيها.

سلْمِت عْليها بِحْرارة وقالْتِلْها: "هيّا كوراج أُخْتي ربيّ مْعاك. شِسْمِك؟"

"سُميّة. وانْتي؟"

"هناء."

"يْعيّْشِك هناء ونْشاله ما طْلعْتِش قلّقْتِك."

[14:07]

And the woman who got the call from her friend to give Somayya a ride—she didn't know Somayya either. But she chose to leave work, get in her car, and drive a girl in need. She didn't even know where the university was or what was going on. All she knew was that a girl needed someone to drive her to present her PhD thesis. And that was enough for her to extend a helping hand however she could.

As for the old man—God alone knows what he's been through and what he's dealing with. Only God knows about his health and his circumstances. Yet he chose to stop, ask about Somayya, try to help her, and gather people around her. He could just as easily have kept walking and acted like he saw nothing.

Somayya took the laptop and got into the car. She found a young woman about her age—or a little older—waiting for her.

She greeted her warmly and said, "Come on! Be strong, sister. May God be with you. What's your name?"

"Somayya. And you?"

"Hana."

"Thank you, Hana. I hope I didn't trouble you."

"ما فمّا حتّى قْلق يا بِنْتي عادي. يا حسْرة تْفكّرْت روحي عامِت الدُّكْتوراه مْتاعي كيفاش سْتراسيت وتْوتّرْت وكُل شَيْ ما كانِش ماشي عْلى كيفي."

"تِبْراكيت إنْتِ زادا؟"

"لا، ما تِبْراكيتِش، أمّا بابا عْمل أكْسيدون وهُوَّ جايّ لِلْعاصْمة."

"اللُّطْف عْليه. لاباس هُوَّ توّا؟"

"أيْ لاباس الحمْد لله. ما قالوليش إنّو تِضْرب في الثّْنية، وانا مْشى في بالي إنّو وخّر خاطِرو تْشدّ في الأُمْبوتيّاج."

"وحْضر لِلدُّكْتوراه مْتاعِك في اللِّخِر؟"

"أيْ. حْضرلي بْساقو مضْروبة مِسْكين، ولكِنو شدّ روحو ودْخل لِلْقاعة يمْشي عادي. كان موْجوع برْشا، ولكِنّو ما حبّش يِفْجعْني وخاف عْلِيّا لا نُدْخُل بعْضي. لْقينا أهْل الخيرْ، هوما هزّوه لِلسّْبيطار وجابوهولي لِلْجامْعة."

"ربّي يْفضّلْهولِك."

"يْعيّْشِك. إنْتِ أُمُّك وبوك ما جاوِش مْعاك؟"

"أُمّي باش تحْضر شْوَيّة آخِر، أمّا ما لْقيتِش باش نْكلّمْها."

[15:06]

"Not at all, dear. It's nothing. Oh, I just remembered—back when I did my PhD, how stressed and anxious I was. Nothing went the way I wanted that day."

"Were you robbed, too?"

"No, I wasn't robbed. But my dad had an accident on his way to the capital."

"God bless him. Is he alright now?"

"Yes, thank God. They didn't tell me he'd been in an accident—I thought he was just late because of the traffic."

"And did he attend your thesis in the end?"

"Yes. My poor dad showed up with an injured leg, but he kept it together and walked into the hall like nothing was wrong. He was in a lot of pain, but he didn't want to upset me or throw me off. We found kind people who took him to the hospital and then brought him to the university."

"May God bless him."

"Thank you. Your mother and father didn't come with you?"

"My mother will attend a bit later, but I haven't been able to call her."

"خوذ، كان تِتْفكّر نومْروها، هاك كلّمْها."

سُميّة كلّْمِت أُمّْها وطمّْنِتْها عْليها، وقالْتِلْها إنّْها قْريب توصِل لِلْجامْعة أمّا ما حْكاتِلْهْا شَيْ عاللي صار. أُمّْها دْعاتِلْها برْشا وتمّْناتِلْها النّجاح، ووعْدِتْها إنّْها باش توصِل لِلْجامْعة زادا في الوَقْت.

سُميّة وهناء حْكاوْ في الطّْريق. هناء طلْعِت قاضْية، وقْرات اِخْتِصاص مْشابه لِاخْتِصاص سُميّة. سُميّة فرْحت برْشا، وطلْبِت مِن هناء شْوَيّة نصائح.

هناء قالْتِلْها: "ما تِتْوتّرْش، ما تِتْغشّش، وأحْكي كايِنِّك قاعْدة تْفهّم في صْغار حتّى كان الجوري مِن أحْسن ما فمّا في البْلاد."

"صدّقْني، قْريت قانون ونْدِمْت!"

"عْلاش نْدِمْت؟"

"خاطِر باش نْوليّ نْدافع عْلى ناس غدّارة وسرّاقة!"

"بِالعكْس. الخيرْ موْجود في الدِّنْيا. والنّاس توّا ولّات تِتْكلّم ومعادْش تْخاف. يَعْني ما تْخافِش عْلى روحِك. ديما آقِف مْع الحقّ وِرْد بالِك ترْضى بِالرّشْوة. راهو كان تِترْشى مرّة، تِتْنحّى عْليك صيفةْ القاضي الكفِئ اللي تْعمّل عْليه البْلاد."

[15:55]

"Here—if you remember her number, call her."

Somayya called her mother and reassured her. She told her she was almost at the university but didn't mention what had happened. Her mother prayed for her, wished her success, and promised she would get to the university in time.

Somayya and Hana talked on the way. Hana turned out to be a judge and had studied a specialization similar to Somayya's. Somayya was very happy and asked Hana for some advice.

Hana told her, "Don't get nervous, don't get frustrated, and speak like you're explaining things to children—even if the jury is made up of the best professors in the country."

"Believe me, I studied law—and I regret it!"

"Why do you regret it?"

"Because I'll end up defending traitors and thieves!"

"On the contrary. There is still good in the world. People are now speaking out—they're no longer afraid. So don't worry about yourself. Always stand up for what's right, and be careful never to accept a bribe. Because the moment you do, you lose the integrity of the qualified judge the country needs."

"آنا التّليفون سرْقتْهولي مْرا قعْدِت بْجنْبي في الميتْرو اليوم."

"إنْتِ تليفونِك تْسْرق اليوم صارا؟"

"أيْ، تْخيّل! تِتْشكّالي وتِتْبكّالي مِن ظْروفْها وكيفاش هِيَّ تاعْبة وحرْقولْها البوتيك مْتاعْها مرّتين، وكيفاش هِيَّ تِجْري مِن محْكْمة لْمحْكْمة، وفي اللِّخِر تِسْرقْلي تليفوني! تْخيّل!"

"هُوَّ مُمْكُن، الواحِد لازِم يْرُدّ بالو مِالنّاس الكُلّ، ولكِن اللّهُ أعْلم. بالكْشي طاحْلِك وانْتي هابْطة. اللّهُ أعْلم. ربيّ يْعوّض عْليك. لعلّ فيها خيْرة."

"نهاري اليوم مِاللي بْدا وهُوَّ خايِب. اللّه يُسْتُرْ وبرّة."

"بِالعكْس. هذاكا معْناها الأُطْروحة باش تِتْعدّالِك مُمْتازة وتْعوّضْلِك عْلى الحاجات الخايْبة الكُلّ. صدّقْني، نعْرف فاش قاعْدة نحْكي."

سُميّة وهناء وِصْلو لِلْجامْعة اللي باش تْقدّم فيها سُميّة أُطْروحِتْها. سُميّة اسْتدْعات هناء مْعاها، ولكِن هناء رفْضِت الدّعْوة خاطِر يِلْزِمْها ترْجع لِلْخِدْمة. تْمنّاتِلْها حظّ سعيد وخلّاتِلْها رقمها.

وقالْتِلْها: "كيف تْكمّل، كلّمْني. تَوْ نْجي نْوصّْلِك إنْتِ ودارْكُم."

[16:49]

"My phone was stolen today by a woman who was sitting next to me on the metro."

"Your phone was stolen today, really?"

"Yes, imagine! She was complaining and crying about her circumstances—how tired she was, how her shop was burned down twice, how she was running from one court to another... and in the end, she stole my phone! Can you believe it?"

"That's possible, yes. You always have to be careful around people. But God knows—maybe you dropped it when you got off the metro. God knows best. May God make it up to you. Maybe there's some good in it."

"My day has been bad from the moment it started. May God protect me."

"On the contrary. That just means your thesis presentation will go great and make up for all the bad stuff. Believe me—I know what I'm saying."

Somayya and Hana arrived at the university where Somayya was going to present her thesis. Somayya invited Hana to come in with her, but Hana declined the invitation because she had to go back to work. She wished her good luck and gave her her phone number.

She told her, "When you're done, call me. I'll come and give you and your family a ride home."

"يْعيْشِك يا هناء. نْشاله معْرْفة طيّْبة."

سُميّة دخْلِت لِلْقاعة وبْدات تْحضّر في روحْها. لْقات أُمّْها غادي تِسْتنّى فيها. سلّْمِت عْليها وعنّْقِتْها بِالقْوي، ومْبعّْد عاوْنِتْها باش تْركّب الپي سي. كيف سُميّة جِبْدِت الپي سي مْتاع الطّْفُل، أُمّْها سألِتْها: "مْتاع شْكون الپي سي هذا يا سُميّة؟ الپي سي مْتاعِك وين؟"

"توْ نحْكيلِك مْبعّْد يا ماما. آنا اليوم فرْحانة برْشا."

وبعْد شْوَيّة، انْطلْقت الأُطْروحة. سُميّة حْكات بْكُلّ ثيقة في النّفْس، وقدّْمِت أُطْروحة مُمْتازة. النّاس الكُلّ وِقْفو باش يْصفّْقولْها. المُشْرْفين قالولْها إنّْها باش تْوليّ قاضْية مُمْتازة، وإنّو البْلاد باش تِتْشرّف بيها وبْقُدْراتْها خاطِرْها تعْرف قيمِةْ القانون وتعْرف شْنُوّا اللي ناقْصو زادا.

القانون لازْمو يْكون مِتْفتّح أكْثر، حْنين أكْثر، ويقْرا النّيّة الطّيّْبة في النّاس، خاطِر النّاس في البْلاد هاذي حْنان برْشا ويْعاوْنو برْشا ويعْرْفو قيمِةْ بْعضْهُم، والقانون لازْمو يْكون يْشبّْهِلْهُم.

بعْد ما كمّْلِت سُميّة الأُطْروحة وجاوْبِت عالأسْئْلة، تْحصّْلِت علْى مُلاحظْة حسن جِدّاً. المُلاحْظة نسّاتْها في اللي صار، وقوّاتْها، وأقْنْعِتْها إنّْها مهْما صار، يِلْزِمْها تبْقى قْوية. ما قْعد كان الكْلام. الپي سي هاوْ جا غيرو، والتّليفون تَوْ تِشْري خيرْ مِنّو.

[17:45]

"Thank you, Hana. I'm so glad we met."

Somayya entered the hall and began getting ready. She found her mother there waiting for her. She greeted her, hugged her tightly, and then her mother helped her set up the laptop. When Somayya pulled out the young man's laptop, her mother asked, "Whose laptop is that, Somayya? Where's your own laptop?"

"I'll tell you later, Mom. Today, I'm really happy."

Soon after, the thesis presentation began. Somayya spoke with full confidence and gave an excellent presentation. Everyone stood to applaud her. The supervisors told her that she would become an outstanding judge, and that the country would be proud of her and her abilities—because she understands the value of the law and also knows what it's still lacking.

The law needs to be more open, more compassionate, and better at recognizing people's good intentions—because the people of this country are full of kindness, they help each other, and they know one another's worth. The law should resemble them.

After Somayya finished her thesis and answered the questions, she received a grade of "Very Good." That grade made her forget what had happened. It gave her strength and convinced her that no matter what happens, she has to stay strong. Everything else is just words. As for the laptop—she got another one. The phone—she'll buy a better one.

سْميّة كمّْلِت الاِحْتِفال وخرْجِت، وكانِت المُفاجْأة. لْقات المْرا اللي شافتْها في الميتْرو تِسْتنّى فيها قُدّام الجامْعة.

كيف شافتْها المْرا، مْشاتِلْها تِجْري ومدِّتِلْها التّليفون، وقالْتِلْها: "يا بْنيّْتي! مالِلي هْبطْت مِالميتْرو وآنا نْعيّطْلِك نْعيّطْلِك ونْقُلِّك 'يا طُفْلة تليفونك خلّيتو عالكُرْسي'.ماك كيف قمت باش تهبط، خلّيت التّليفون عالكُرْسي وتِلْهيت تْركّح في ساك الپي سي. جيت باش نهْبط وْراك، الباب تْسكّر علِيّا."

سْميّة ما صدّْقِتْش الموْقِف وبْقات تُغْزُر لِلْمْرا، باهْتة وفرْحانة في نفْس الوَقْت. شوف الدِّنْيا كيفاش! المْرا اللي اتّهْمِتْها بِالسِّرْقة هِيَّ نفْسْها المْرا اللي حرْصِت علْى ترْجيع التّليفون وعمْلِت جُهْدْها باش تلْقى سْميّة وتمِشْيلْها لِلْجامْعة. اللّهُ أعْلم بْظُروفْها، واللهُ أعْلم مْنين جات والتّاكْسي قدّاش تْكلّْفِتِّلْها. سْميّة حسِّت بْبرْشا ذنْب خاطِرْها ظلْمِت المْرا.

المْرا كمّْلِت حْكايِتْها: "عاد روّْحِت وقُلْت لْراجْلي راهو الطُّفْلة نْسات تليفونْها بْجنْبي. قالي هاوْ فمّا شْكون مْهبّط علْيه عالفيْسبوك. طْلبْنا النّومْرو، طْلعِّلْنا طْفُل، قالِلْنا علْى إسْمِك واسْم الجامْعة مْتاعِك، ياخي جيناك. ما حبّوش يْدخّْلونا قالولْنا قاعْدة تْقدّم في الدُّكتورا، ربّي يْنجّْحِك، ياخي قْعدْنا نِسْتنّاوْ فيك. هاك تليفونِك يا بْنيّْتي."

[18:54]

Somayya finished the celebration and stepped outside—and there was a surprise. She found the woman from the metro waiting for her in front of the university.

When the woman saw her, she ran toward her and handed her the phone, saying: "My daughter! Ever since you got off the metro, I've been calling and calling, saying, 'Girl! You left your phone on the seat!' When you stood up to get off, you left your phone on the seat and got busy arranging your laptop bag. I tried to follow you out, but the door closed on me."

Somayya couldn't believe what was happening. She stood there staring at the woman, shocked and happy at the same time. Look how life works! The woman she had accused of theft was the very same woman who had made every effort to return the phone and find Somayya—even going all the way to the university. God alone knows her circumstances—where she came from or how much the taxi cost her. Somayya felt deeply guilty for having wronged her.

The woman continued her story: "So I went home and told my husband that the girl had left her phone next to me. He said, 'Someone posted about it on Facebook.' We called the number and got a young man. He told us your name and the university, so we came here. They didn't let us in—they said you were presenting your PhD. May God grant you success. So we waited here for you. Here's your phone, my daughter."

"يْعيْشِك تاتا!"

هناء تِرْمات عالمْرا وعنْقِتْها بِالقْوي وباسِتِّلْها جْبينْها.

"سامحْني يا تاتا راني قْريت فيك النّية الخايْبة."

"وه يا بْنيْتي، تَوْ هذا كْلام؟ اللي يْتوجع مالسِّرْقة، يوجع بيها غيرو؟"

"عنْدِك الحقّ يا تاتا كيف قُتْلي ما يْحِسّ بِالجمْرة كان اللي يَعْفِس عْليها.
هيّا مْعانا نْخلّص عْليكُم مبْروك الدُّكْتوراه."

سُميّة خْذات التّليفون وكلُّمِت أمين وهناء. اِسْتدْعاتْهُم عالفْطور باش
يِحْتفْلو بِالدُّكْتورا. وَقْتِلّي جاو، تليفون سُميّة نوقِز مِن نومْرو ما تعْرْفوش.
هزِّت عْليه.

"ألوْ؟"

"ألوْ. قُتْلي لينوفو أكْحِل؟ فيه أمارة؟"

"أيْ. ساك الپي سي فيه ضرْبة جافال عالجُنب اليْمين، ومِن داخِل فمّا
مضْمون ولِادة وسوري زرْقا."

[20:00]

"Thank you, Auntie!"

Hana threw her arms around the woman, hugged her tightly, and kissed her on the forehead.

"Forgive me, Auntie. I assumed the worst about you."

"Oh, my daughter—how could you say that? Just because someone's been hurt by theft, does that mean they should hurt others?"

"You were right, Auntie, when you said only the one who steps on fire can feel the burn. Come with us—I'll treat you to lunch to celebrate the PhD."

Somayya took her phone and called Amin and Hana. She invited them to lunch to celebrate the thesis. When they arrived, Somayya's phone rang—it was an unknown number. She picked up.

"Hello?"

"Hello. You said a black Lenovo? Any identifying features?"

"Yes. The laptop bag has a bleach stain on the right side, and inside there's a birth certificate and a blue mouse."

"أيْ هاوْ جابْهولي المُنظّف. إيجا هِزّو هاني موْجود. ومعادْش تنْسى حاجات هكّا يْعيِّش أُخْتي. اليوم رجّْعو المُنظّف، وغُدْوَة يْهِزّولِك أيّ عبْد. الباهي والخايِب في كُلّ بْلاصة."

الفرْحة تمِّت. هناء رجّْعِت تليفونْها والپي سي مْتاعْها، وربْحِت الدُّكْتورا بمُلاحظْة "حسن جدّاً"، والأهم مِن هذا، ربْحِت أصْحاب جْدُد قلْبْهُم أبْيَض وما يِحْسْبوهاش قْبل ما يعاوْنوها. لِليوم هذا، سُميّة مازالِت أصْحاب مْع هناء وصاحْبِتْها اللي كلْمِتْها وأمين زادا. الحقّ، هِيَّ ما تعْرف شَيْ عالرّاجِل الكْبير اللي لمّ عْليها النّاس، ولكِن نْشاله يْكون بْخير، ونْشاله الدِّنْيا تعْطيه عْلى قدّ قلْبو.

❖ ❖ ❖

[20:52]

"Yep—the cleaner just brought it to me. Come pick it up, I'm here. And don't forget stuff like this again, sister. Today the cleaner returned it—tomorrow, anyone might take it. Good people and bad people exist everywhere."

The joy was complete. Somayya got her phone and laptop back and earned her PhD with a "Very Good" grade. But more important than that—she gained new friends with kind hearts, people who didn't hesitate to help. To this day, Somayya remains friends with Hana, the friend who called her, and with Amin. As for the old man who had gathered people around her—she never learned anything more about him. But she hopes he's well, and that the world gives him goodness equal to the kindness in his heart.

❖   ❖   ❖

Arabic Text without Tashkeel

For a more authentic reading challenge, read the story without the aid of diacritics (tashkeel) and the parallel English translation.

زعما مازال فما الخير في الدنيا؟

سمية طلعت عالميترو، تاعبة وجيعانة. بعد أربعة سوايع باش تقدم أطروحة الدكتورا في القانون العام، وعندها جمعة تقريبا ما كلات شي. كانت تكتفي بشوية خبز وجبن خاطر الوقت اللي كانت باش تعديه اتطيب باش يضيعلها من وقت الأطروحة.

الميترو معبي برشا والناس قريب تركب فوق بعضها. هوما زادا باين عليهم التعب والتمرميد، ومتغشين خاطر الميترو جا إمخر. قال شنوا، الشوفور خلى الميترو يستنى ومشى يشري في باكو دخان، ومبعد خطرلو باش يعمل قهوة ويحكي في التليفون. وكيف رجعلهم، شاف الناس متغشة، فقاللهم: "عملتو ثورة وما نجمتوش تعملو كراهب؟"

الثورة عندها أكثر من عشرة سنين ماللي صارت. الحق، سمية ما تعنيلها شي الثورة. هي جات من بلاصة بطبيعتها منعزلة شوية سياسيا، والحقيقة، هي ودارهم وحومتهم سمعو بالثورة سمع، وتفرجو فيها في التلفزة واكتشفوها من خلال التلفزة.

في الوقت هذاكا، حومتهم كانت رايضة برشا، والناس قاعدة قدام ديارها وإلا تتمشى عادي. الثورة كانت كيما الفيلم بالنسبة ليهم. بالطبيعة، هروب الرئيس كانت حاجة مفاجئة للناس الكل، ولكن الصدمة ما كانتش نفسها، والفرحة ما كانتش نفسها، والخوف ما كانش نفسو، والتطلعات ما كانتش نفسها.

سمية خذات الباك عامة الثورة. قبل الثورة بشهر، تبرعت بعشرة آلاف لصندوق 26-26. وقتها القيم العام دخل متغشش، وخرجها للسبورة قدام أصحابها، وسبها خاطرها هي الوحيدة اللي ما عطاتش فلوس، وهددها بالأصفار. وقتها

تلزت تسرق من بوها عشرة آلاف وتهزهم للليسي باش يرضى عليها القيم اللي يبدو إنو كان متحير برشا على الفقراء والمساكين اللي "استنفعو" بصندوق 26-26.

ما علينا. ما يدوم حال. سمية نجحت وطلعت للعاصمة اللي صار فيها جزء كبير من أحداث الثورة، وكانت هاكي المرة الأولى اللي تطلع فيها سمية للعاصمة وتركب الميترو. كانت تاخذ الكار مع أصحابها، وكيف تفوتها الكار، تاخذ الميترو. اليوم، ومن كثر التعب.

سمية شافت الوجوه وخممت: "شبيهم هكا عابسين؟ مالا قبل الثورة الوجود كيفاش كانت؟ تعيسة أكثر من هكا؟ والميترو كان معبي أكثر من هكا؟ تي هاو باش يطرشق! آنا بزهري لقيت كرسي، أما الميترو ماشي ويتعبى. فما وجوه مانيش مرتاحتلها. يا ربي تستر، ويا ربي سامحني."

هي سمية قاعدة هكاكا، والمرا اللي بجنبها هزها النوم وحطت راسها على كتف سمية. ومبعد فاقت مفجوعة، وقالت لسمية: "سامحني بنيتي! سامحني. تعبت راني من محكمة لمحكمة."

"اللطف عليك يا مادام. لاباس؟ آش بيك؟"

"آش خصني كان لاباس يا بنيتي. كان عنا بوتيك متاع إلكترومیناجي، حليناه عامت الثورة وفرحنا بيه. النهار الأول تعدى، وفي النهار الثاني قامت الثورة، وهدو علينا وسرقولنا كل شي. عاودنا وقفنا على ساقينا وأنقذنا المشروع، يخي جمعتين لتالي صار نفس الشي. سكرنا المشروع، والناس اللي تسلفنا من عندهم الفلوس باش انجمو نحلو بيهم البوتيك شاكين بينا."

"اللطف عليك يا مادام. نشاله ترتاح منها الحكاية وتعاود تاقف على ساقيك وتعمل مشروع ما أكبر."

"لا، لا. يزيني مالمشاريع. راسي تعرى. ما فهمتش، ثرنا عالفساد والا ثرنا على رواحنا. تخيل، سنين الله نخدمو ونلمو الفلوس ونتسلفو باش نحلو مشروع صغير، ومباعد ما نشوفو منو حتى فرنك!"

"الله غالب يا مادام. الشغب لازم في كل ثورة. ديما التكسير موجود. نشاله ربي يعوض عليكم."

"ما أسهلو الكلام يا بنيتي. ما يحس بالجمرة كان اللي يعفس عليها."

"وتوا كيفاش تعيشو؟"

"والله آش باش نقلك؟ الراجل عامل يومي، وآنا نعمل الحلو في الدار، وصدقني حتى الحلو في الدار ما مشاش معايا في جرة الكورونا. الناس كانت خايفة لا تمس بعضها."

"وعندك صغار؟"

"أي. عندي زوز أولاد."

"ربي يفضلهملك."

"الله يرحمهم، تقلب بيهم الباتو في حرقة."

سمية قلبها تقبض. حست اللي نهارها بدا بداية خايبة، وبحكاية خايبة، وحست إنو حياة المرا اللي بجنبها ياسر تعيسة، وإنها لازم تعمل المستحيل باش حياتها ما تكونش كيفها. الحقيقة، سمية إنسانة أنانية، وتتعامل مع حكايات الناس كيما تعاملت مع الثورة عشرة سنين لتالي: على أساس فيلم.

سمية جات من عايلة عادية، موش فقيرة، وموش غنية برشا. أمها وبوها موظفين، وهي كارية في العاصمة، وعمرها ما واجهت مشاكل في الفلوس. ممكن هذا اللي يفسر ردة فعلها تجاه حكاية المرا متاع الميترو. سمية ما قالت شي، ما قالت كان "أووه؟"، ودورت وجها خاطرها فدت مالتعاسة عالصباح.

وعلاش باش تحس بيهم؟ تي اللي فيها مكفيها. هي لا تضرت مالثورة ولا استنفعت منها. هي طلعت باش تقرا فقط. القانون العام تقرا فيه بتمحريث، موش بحب، خاطرها تحب تولي قاضية وتولي تحكي بروحها قاضية. وزيد قلقت مالترانسبور والقراية. أعطيها توا تقدم أطروحتها وترتاح، والباقي تو يجي بطبيعتو.

سمية وصلت لمحطة برشلونة وقعدت شوية عالأبناك باش تنظم أوراقها وتتنفس الهواء قبل ما تاخذ تاكسي للجامعة. قعدت، نظمت الأوراق، وتفكرت باش تكلم أمها وتعلمها إنها هبطت مالميترو، خاطر أمها تخاف مالميتروات وديما توصيها باش ترد بالها.

التليفون مهواش في جيبها، واللي هي حاجة طبيعية خاطر التليفون ما يلزموش يتحط في الجيب كيف تركب عالميترو. لازمو يتحط في الصاك وتسكر الصاك بالسلسلة وتكبس عليها بيدك. وكانك لابس صاك آ دو، إلبسها بالعكس وحطها قدامك. الرخ لا. السهوة لا. التعب لا. وبرا حتى كانك تاعب؟ ما تسهاش وشد روحك لين توصل وعمرك لا توري للناس إنك تاعب وهش.

سمية حطت الأوراق على جنب وبدات تلوج في صاكها. ما لقاتش التليفون. بربشت، بربشت، ما فما شي. فرغت الصاك مرتين، شي. عاودت شافت الجيوب، وشي. آه! أكيد في صاك الپي سي! لا، مهوش في صاك الپي سي.

سمية باش تبكي. التليفون شراتو جديد بفلوس البورص. زعمة تسرق والا طاح؟ أكيد خلاتو في الميترو. لا، أبدا تنسى تليفون جديد في الميترو. زعمة المرا سرقتو؟ أي! سرقتو أكيد.

"قداشها ما تحشمش وما تقدرش! وقداشها نكارة للنعمة. لا يزي ترقدلي على كتفي، وزيد تشوملي بصباحي بحكايات كي وجها، وزيد تسرقلي تليفون!؟ لا مالا تستاهل اللي صاير فيها وتستاهل السرقة. ووالله ما نلقاها ونشكي بيها ونفضحها!"

سمية ستنات الميترو اللي بعدو وطلعت فيه.

وقالت: "المرا باش نلقاها يعني باش نلقاها. وكان لزم تو ندور نسإل عليها في المحاكم. أصلا الأطروحة اناقشها بعد ثلاثة سوايع. مازال عندي وقت."

هي طلعت، وباب الميترو تسكر، وحست روحها أخف مالعادة. طلعت الحكاية إنها نسات الپي سي في محطة برشلونة! سمية ضربت عالباب باش يحلهولها الشوفور، ولكن لا حياة لمن تنادي. هبطت في المحطة اللي بعدها، وخذات

الميترو الراجع لبرشلونة وهي تبكي. وقتلي رجع الميترو لبرشلونة، هبطت وفي قلبها شوية أمل. بطبيعة الحال، الپي سي ماهواش موجود، والبنك تلقاه نظيف.

"علاه هكا يا ربي! الپي سي متاعي وين؟؟ الشوارع امسخة، والدنيا ما تنظاف كان من حاجة الناس! يا ربي، تليفوني تسرق والپي سي تسرق والدكتورا باش اناقشها شوية آخر! شنوة باش انقلهم وشكون باش يصدقني؟ شنعمل؟؟"

سمية يئست من كل شي، وقعدت عالبنك متاع محطة برشلونة تبكي، تبكي، تبكي . "ملا سراق. البلاد تعبات بالسراق. يا ليتني ما قريت قانون، ويا ليتني ما جيت للعاصمة. كان شديت دارنا خير! ثمنية سنين نقرا على قانون كي بيه كي بلاش، ونهارة اللي جيت باش ندافع عليه، يتسرقولي أغلى حاجات شقيت عليهم !"

سمية حست بالظلم، وحست إنو السنين اللي عداتهم في القراية الكل مشاو هباء. فقدت الأمل في كل شي، وبقات تبكي. ما عندهاش تليفون باش تكلم المؤطر والجامعة وتعلمهم باللي صار، والخدمة متاعها الكل مسجلة في الپي سي. صحيح هي سجلت خدمتها عالإيمايل زادا، ولكن حلان الإيمايل لازمو كود، والكود يوصل للتليفون، والتليفون مسروق!

هي قاعدة هكاكا، عينيها حمر مالبكاء ويائسة من كل شي، جاها طفل وسألها: "أختي، لاباس ماو؟ شبيك تبكي؟"

سمية هزت راسها وشافت الطفل، ولكنها توا ولات خايفة من كل شي ومالناس الكل. الطفل كان ظاهر نظيف وما يخوفش، ولكن المرا اللي كانت في الميترو معاها الصباح هي زادا كانت ظاهرة نظيفة وما تخوفش.

سمية غزرت للطفل وقالتلو: "همم... ما عندك ما تهز من عندي. ما عندي شي. عندي حق تاكسي وبطلت مانيش باش ناخذها التاكسي. هز الفلوس وسيبني."

"أختي شبيك لاباس؟ جيت نسإل عليك، ما جيتش باش نسرقك. اللطف عليا وعليك وعلينا الكل مالسرقة. شفتك تبكي وحدك قلت نشوفك تستحقشي حاجة. أما كاني مقلقك، هاني ماشي."

هوما قاعدين هكاكا، ووقفلهم راجل كبير، وسألهم: "آش فما؟ لاباس؟"

فجاوبو الطفل: "والله ما نعرف. ما حبتش تحكي. يظهرلي تبراكات. سألتها شبيك قاتلي ما عندك ما تهز من عندي كل شي تهز."

الراجل قرب لسمية وعاود سألها: "بنتي العزيزة، اللطف عليك. آش بيك؟ أحكيلنا بالكشي انجمو نعاونوك."

سمية هزت راسها مرة أخرى، وشافت إنو العباد تلمو عليها. غريبة! علاش زعمة باش يعطيوها من وقتهم وجهدهم وهوما بيدهم يعلم بيهم ربي؟ هي معادش عندها شي. ما عندهم باش يهزو من عندها. مازال عندها حق تاكسي للجامعة، كان يحبو ياخذو العشرة آلاف ويقسموها بينات بعضهم، عادي. ولكن في نفس الوقت، هي مهياش خاسرة شي. وبرة كان بكلهم نطارة؟ ما تخسر شي كان تفضفضلهم.

قالتلهم: "اليوم باش اناقش أطروحتي في القانون، ياخي تليفوني تسرق في الميترو."

قال الراجل الكبير: "يا بنيتي دافعة بلاء وربي يعوض. تو تشد خدمة وتشري ما خير منو التلفون. ما تبكيش عليه. قوم يعيش بنتي أغسل وجهك وحضر روحك."

"آنا كيف فقت بالتليفون تسرق، رجعت للميترو."

"وآش صار؟"

"صار ما أتعس. طلعت نسيت الپي سي عالبنك هذا."

فقالت مرا مالواقفين اللي معاهم: "مسكينة بنيتي تمهمشت مالفجعة ونسات الپي سي ياخي تهزلها. مشيت سألت اللي يقص التيكيات؟ بالكشي خلاوه عندو. آنا فما مرة ضيعت شهايدي في منوبة، ياخي نلقاهم عند اللي يقص التيكيات في محطة الميترو. برا جرب واسأل."

سمية غزرت للمرا ببرشا حزن، وقالت: "محسوب حتى كان جاه الپي سي، ماهو باش يخليه عندو. يزخي باش يبقى يستنى في مولاه؟ الناس الكل ذيوبة."

"لا يعيش أختي ما تقولش هكاكا. صحيح البلاد شادينها سراق، ولكن كل واحد يتعامل بأصلو، والخير مازال موجود في الدنيا. برا جرب زهرك واسأل يعيش أختي. موش الناس الكل سراق. إمشي أسأل، هانا نستناو فيك."

سمية قامت من بلاصتها ومشات للڤشا متاع المحطة. طلت مالشباك الصغير، وسألت الراجل: "عسلامة؟"

"لوين أختي؟"

"بربي نحب نسأل. خليت الپي سي متاعي عالبنك هوني في المحطة، قلت بالكشي جابوهولك."

"وقتاش خليتو؟"

"ساعة لتالي."

"وشنوا نوعو؟"

"لونوفو أكحل."

"لا أختي. ما جاني شي."

"زيد ثبت يفرحك. والله خدمتي الكل فيه."

"وراسك لا جابلي حد حتى پي سي. وهو اللي يلقى حاجة كيما هكة في الشارع، يسلم فيها؟ هاك تشوف أختي، الناس تجري وما تخلط، واللي هذا يحاول كيفاش يدبر راسو ويبيع منا ومن غادي."

"يفرحك، نخلي عندك نومرويا، وكان سمعت بأي حاجة تكلمني؟"

"باهي. قيد نومروك هوني. كان سمعت بحاجة، نكلمك طول."

سمية رجعت للجماعة يائسة، وقالتلهم عاللي صار. تفكرت إنها عطات للراجل نومرو تليفونها المسروق، ولكنها يائسة في الحالات الكل.

الطفل اللي وقفلها مالأول قاللها: "ما تأيسش. الناس يعاونو راهو. بكلنا تبراكينا والا تسرقتلنا حاجة في هالبلاد، ولكن ما نأيسوش. شنوا نوعو تليفونك وشنوا نوع الپي سي متاعك؟ تو نهبطهم عالفيسبوك، ونمشيو للمركز نخبرو عليهم."

سمية عطات للطفل الريفيرونص متاع التليفون والپي سي، وشكرتو برشا. وقتلي الطفل هبط عالفيسبوك، لقى برشا تفاعل، وبرشا ناس بعثولو تصاور تليفونات وبيسيات لقاوهم مطيشين، وسألوه إذا كانو يلوج على أي حاجة منهم. ومع ذلك، حتى حاجة فيهم لاهي تابعة لسمية.

الأطروحة معادش عليها وقت. مازالت عليها ساعة ونصف. الطفل قعد بجنب سمية وجبد الپي سي متاعو، وقاللها: "إنت مسجلة خدمتك عالإيمايل ماو؟"

"أي، أما الإيمايل مربوط بالتليفون."

"في بالي. ولكن إنجمو نطلعوه بالسؤال السري زادا. تتفكرو السؤال والإجابة متاعو؟"

"يظهرلي، أي."

"هاك، إكتب الإيمايل متاعك."

سمية كتبت الإيمايل متاعها، وطلعولها الأسئلة الخاصة بالإيمايل. السؤال الأول كان: تتفكرو آخر مودوباس عملتو؟

سمية كتبت آخر مودوباس تتفكرو.

السؤال الثاني كان: وقتاش عملتو كونط الإيمايل؟

سمية تتفكر الإجابة مليح خاطرها عملت الكونط نهار عيد ميلادها، فكتبت: سطاش أفريل.

الإيمايل تحل! سمية فرحت وطارت مالفرحة. لوجت على خدمتها ولقاتها أخيرا.

الطفل فرح معاها، وفرحو الناس الكل اللي معاها. الطفل، اللي إسمو أمين على فكرة، مدلها الپي سي متاعو وقاللها: "خوذ. هزو إخدم بيه. سايسو شوية بركا خاطرو قديم وهذاكا المكسب. آنا بيدي نخدم بيه، ونعرفك آش تحس."

"يعيشك! إيجا معايا للفاك مالا نقدم بيه أطروحتي وهزو معاك مبعد."

"لا ميسالش هزو معاك. آنا داخل نقرا توا. هاو نومرويا، كيف تكمل بيه قلي. كلمني من أي تليفون وقلي تو نجيك. ربي يعوض عليك أختي."

سمية شكرت الطفل برشا ودعاتلو برشا، ووعدتو إنها باش ترجعلو الپي سي متاعو أول ما تكمل. المرا اللي اقترحت انها تكلم ڤيشي برشلونة كلمت صاحبتها وطلبت منها إنها توصل سمية للجامعة.

بعد وقت قصير، لقات سمية كرهبة تستنى فيها بجنب المحطة. سمية ما صدقتش كيفاش الناس تجندو باش يعاونوها، وهوما بيدهم مزروبين ويعلم بيهم ربي، وكانو ينجمو يكونو أنانيين كيفها هي مع حكاية المرا اللي قعدت بجنبها في الميترو، ولكنهم اختارو إنهم يعاونو باللي ينجمو.

أمين ما يعرفش سمية، ومع ذلك عطاها الپي سي متاعو على الرغم من إنو قديم وما عندوش غيرو. كانت تنجم تسرقو والا تبيعو، ولكنو اختار إنو ياثق فيها ويعاونها باللي ينجم.

الطفلة اللي كلمتها صاحبتها باش توصل سمية كيف كيف، ما تعرفش سمية. ومع ذلك اختارت إنها تخرج مالخدمة وتطلع في الكرهبة وتسوق باش توصل طفلة محتاجة، وهي أصلا ما تعرفش لأماهي جامعة باش يمشيو وما عندها حتى فكرة عاللي صاير. كل ما تعرف هو إنو فما طفلة تحتاج شكون يوصلها خاطر عندها أطروحة دكتورا باش تقدمها. وهاذم كانو معلومات كافية باش هي تمد يد المساعدة باللي تنجم.

الراجل الكبير الله أعلم شنوا وراه وباش تعدى والله أعلم بصحتو وظروفو. ومع ذلك اختار إنو ياقف ويسأل على سمية ويحاول معاها ويلم عليها الناس. ولكن كان بيدو زادا إنو يكمل في طريقو ويعمل روحو ما شاف شي.

سمية خذات الپي سي وطلعت للكرهبة. لقات طفلة في عمرها أو أكبر منها بشوية تستنى فيها.

سلمت عليها بحرارة وقالتلها: "هيا كوراج أختي ربي معاك. شسمك؟"

"سمية. وانتي؟"

"هناء."

"يعيشك هناء ونشاله ما طلعتش قلقتك."

"ما فما حتى قلق يا بنتي عادي. يا حسرة تفكرت روحي عامت الدكتوراه متاعي كيفاش ستراسيت وتوترت وكل شي ما كانش ماشي على كيفي."

"تبراكيت إنت زادا؟"

"لا، ما تبراكيتش، أما بابا عمل أكسيدون وهو جاي للعاصمة."

"اللطف عليه. لاباس هو توا؟"

"أي لاباس الحمد لله. ما قالوليش إنو تضرب في الثنية، وانا مشى في بالي إنو وخر خاطرو تشد في الأمبوتياج."

"وحضر للدكتوراه متاعك في اللخر؟"

"أي. حضرلي بساقو مضروبة مسكين، ولكنو شد روحو ودخل للقاعة يمشي عادي. كان موجوع برشا، ولكنو ما حبش يفجعني وخاف عليا لا ندخل بعضي. لقينا أهل الخير، هوما هزوه للسبيطار وجابوهولي للجامعة."

"ربي يفضلهولك."

"يعيشك. إنت أمك وبوك ما جاوش معاك؟"

"أمي باش تحضر شوية آخر، أما ما لقيتش باش نكلمها."

"خوذ، كان تتفكر نومروها، هاك كلمها."

سمية كلمت أمها وطمنتها عليها، وقالتلها إنها قريب توصل للجامعة أما ما حكاتلها شي عاللي صار. أمها دعاتلها برشا وتمناتلها النجاح، ووعدتها إنها باش توصل للجامعة زادا في الوقت.

سمية وهناء حكاو في الطريق. هناء طلعت قاضية، وقرات اختصاص مشابه لاختصاص سمية. سمية فرحت برشا، وطلبت من هناء شوية نصائح.

هناء قالتلها: "ما تتوترش، ما تتغششش، وأحكي كاينك قاعدة تفهم في صغار حتى كان الجوري من أحسن ما فما في البلاد."

"صدقني، قريت قانون وندمت!"

"علاش ندمت؟"

"خاطر باش نولي ندافع على ناس غدارة وسراقة!"

"بالعكس. الخير موجود في الدنيا. والناس توا ولات تتكلم ومعادش تخاف. يعني ما تخافش على روحك. ديما آقف مع الحق ورد بالك ترضى بالرشوة. راهو كان ترشى مرة، تتنحى عليك صيفة القاضي الكفئ اللي تعمل عليه البلاد."

"آنا التليفون سرقتهولي مرا قعدت بجنبي في الميترو اليوم."

"إنت تليفونك تسرق اليوم صارا؟"

"أي، تخيل! تتشكالي وتتبكالي من ظروفها وكيفاش هي تاعبة وحرقولها البوتيك متاعها مرتين، وكيفاش هي تجري من محكمة لمحكمة، وفي اللخر تسرقلي تليفوني! تخيل!"

"هو ممكن، الواحد لازم يرد بالو مالناس الكل، ولكن الله أعلم. بالكشي طاحلك وانتي هابطة. الله أعلم. ربي يعوض عليك. لعل فيها خيرة."

"نهاري اليوم ماللي بدا وهو خايب. الله يستر وبرة."

"بالعكس. هذاكا معناها الأطروحة باش تتعدالك ممتازة وتعوضلك على الحاجات الخايبة الكل. صدقني، نعرف فاش قاعدة نحكي."

سمية وهناء وصلو للجامعة اللي باش تقدم فيها سمية أطروحتها. سمية استدعات هناء معاها، ولكن هناء رفضت الدعوة خاطر يلزمها ترجع للخدمة. تمناتلها حظ سعيد وخلاتلها رقمها.

وقالتلها: "كيف تكمل، كلمني. تو نجي نوصلك إنت وداركم."

"يعيشك يا هناء. نشاله معرفة طيبة."

سمية دخلت للقاعة وبدات تحضر في روحها. لقات أمها غادي تستنى فيها. سلمت عليها وعنقتها بالقوي، ومبعد عاونتها باش تركب الپي سي. كيف سمية جبدت الپي سي متاع الطفل، أمها سألتها: "متاع شكون الپي سي هذا يا سمية؟ الپي سي متاعك وين؟"

"تو نحكيلك مبعد يا ماما. آنا اليوم فرحانة برشا."

وبعد شوية، انطلقت الأطروحة. سمية حكات بكل ثيقة في النفس، وقدمت أطروحة ممتازة. الناس الكل وقفو باش يصفقولها. المشرفين قالولها إنها باش تولي قاضية ممتازة، وإنو البلاد باش تتشرف بيها وبقدراتها خاطرها تعرف قيمة القانون وتعرف شنوا اللي ناقصو زادا.

القانون لازمو يكون متفتح أكثر، حنين أكثر، ويقرا النية الطيبة في الناس، خاطر الناس في البلاد هاذي حنان برشا ويعاونو برشا ويعرفو قيمة بعضهم، والقانون لازمو يكون يشبهلهم.

بعد ما كملت سمية الأطروحة وجاوبت عالأسئلة، تحصلت على ملاحظة حسن جدا. الملاحظة نساتها في اللي صار، وقواتها، وأقنعتها إنها مهما صار، يلزمها تبقى قوية. ما قعد كان الكلام. الپي سي هاو جا غيرو، والتليفون تو تشري خير منو.

سمية كملت الاحتفال وخرجت، وكانت المفاجأة. لقات المرا اللي شافتها في الميترو تستنى فيها قدام الجامعة.

كيف شافتها المرا، مشاتلها تجري ومدتلها التليفون، وقالتلها: "يا بنيتي! مالّلي هبطت مالميترو وآنا نعيطلك نعيطلك ونقلك يا طفلة' تليفونك خليتو عالكرسي'. ماك كيف قمت باش تهبط، خليت التليفون عالكرسي وتلهيت تركح في ساك الپي سي. جيت باش نهبط وراك، الباب تسكر عليا."

سمية ما صدقتش الموقف وبقات تغزر للمرا، باهتة وفرحانة في نفس الوقت. شوف الدنيا كيفاش! المرا اللي اتهمتها بالسرقة هي نفسها المرا اللي حرصت على ترجيع التليفون وعملت جهدها باش تلقى سمية وتمشيلها للجامعة. الله أعلم بظروفها، والله أعلم منين جات والتاكسي قداش تكلفتلها. سمية حست ببرشا ذنب خاطرها ظلمت المرا.

المرا كملت حكايتها: "عاد روحت وقلت لراجلي راهو الطفلة نسات تليفونها بجنبي. قالي هاو فما شكون مهبط عليه عالفيسبوك. طلبنا النومرو، طلعلنا طفل، قاللنا على إسمك واسم الجامعة متاعك، ياخي جيناك. ما حبوش يدخلونا قالولنا قاعدة تقدم في الدكتورا، ربي ينجحك، ياخي قعدنا نستناو فيك. هاك تليفونك يا بنيتي."

"يعيشك تاتا!"

هناء ترمات عالمرا وعنقتها بالقوي وباستلها جبينها.

"سامحني يا تاتا راني قريت فيك النية الخايبة."

"وه يا بنيتي، تو هذا كلام؟ اللي يتوجع مالسرقة، يوجع بيها غيرو؟"

"عندك الحق يا تاتا كيف قتلي ما يحس بالجمرة كان اللي يعفس عليها. هيا معانا نخلص عليكم مبروك الدكتوراه."

سمية خذات التليفون وكلمت أمين وهناء. استدعاتهم عالفطور باش يحتفلو بالدكتورا. وقتلي جاو، تليفون سمية نوقز من نومرو ما تعرفوش. هزت عليه.

"ألو؟"

"ألو. قتلي لينوفو أكحل؟ فيه أمارة؟"

"أي. ساك الپي سي فيه ضربة جافال عالجنب اليمين، ومن داخل فما مضمون ولادة وسوري زرقا."

"أي هاو جابهولي المنظف. إيجا هزو هاني موجود. ومعادش تنسى حاجات هكا يعيش أختي. اليوم رجعو المنظف، وغدوة يهزولك أي عبد. الباهي والخايب في كل بلاصة."

الفرحة تمت. هناء رجعت تليفونها والپي سي متاعها، وربحت الدكتورا بملاحظة "حسن جدا، والأهم من هذا، ربحت أصحاب جدد قلبهم أبيض وما يحسبوهاش قبل ما يعاونوها. لليوم هذا، سمية مازالت أصحاب مع هناء وصاحبتها اللي كلمتها وأمين زادا. الحق، هي ما تعرف شي عالراجل الكبير اللي لم عليها الناس، ولكن نشاله يكون بخير، ونشاله الدنيا تعطيه على قد قلبو.

❖   ❖   ❖

Comprehension Questions

1. شْكون هِيَّ البْطلة مْتاع الحْكايَة وشْنُوّا كانِت باش تعْمل؟
2. علاش كانِت سُميّة تاعْبة في الميترْو؟
3. شْنُوّا عْمل الشّوفور في الميترْو؟
4. كيفاش كانِت علاقِة سُميّة بِالثّوْرة؟
5. شْنُوّا صار في حومِتْهُم وَقْت الثّوْرة؟
6. علاش تْبرْعِت سُميّة لْصُنْدوق 26-26؟
7. وَقْتاش خْذات سُميّة الباك؟
8. شْنُوّا ضيْعِت سُميّة في محطِّة برْشلونة؟
9. كيفاش تْصرْفِت سُميّة كيف ضيْعِت دْباشْها؟
10. شْكون عاوِن سُميّة في المحطّة؟
11. شْنُوّا عْطاها أمين؟
12. شْكون وَصْل سُميّة لِلْجامْعة؟
13. شْنُوّا تخْدم هناء؟
14. شْنُوّا نصْحِت هناء سُميّة؟
15. كيفاش مْشات المُناقْشة؟
16. شْنُوّا لْقات سُميّة قُدّام الجامْعة؟
17. شْنُوّا صار لتّليفون سُميّة؟
18. كيفاش رجْعِت سُميّة لْقات الحاسوب مْتاعْها؟
19. شْنُوّا تْعلْمِت سُميّة مِالقصّة؟
20. شْكون بْقى مِن أصْحاب سُميّة في اللِّخِر؟

1. Who is the story's protagonist and what was she going to do?
2. Why was Somayya tired in the tram?
3. What did the driver do in the tram?
4. What was Somayya's relationship with the revolution?
5. What happened in their neighborhood during the revolution?
6. Why did Somayya donate to the 26-26 fund?
7. When did Somayya get her baccalaureate?
8. What did Somayya lose at Barcelona Station?
9. How did Somayya react when she lost her belongings?
10. Who helped Somayya at the station?
11. What did Amin give her?
12. Who drove Somayya to the university?
13. What was Hana's profession?
14. What advice did Hana give Somayya?
15. How did the thesis defense go?
16. What did Somayya find in front of the university?
17. What happened to Somayya's phone?
18. How did Somayya get her laptop back?
19. What did Somayya learn from the story?
20. Who remained Somayya's friends in the end?

Answers to the Comprehension Questions

1. سْميّة، كانِت باش تْقدّم أُطْروحِةْ الدُّكْتورا في القانون العامّ.
2. خاطِرْها ما كْلات شي جِمْعة تقْريبًا وكانِت تكْتفي بْشوَية خُبْز وجْبن.
3. خلّى الميترْو يِسْتنّى ومْشى يِشْري باكو دُخّان ويَعْمِل قهْوة.
4. ما كانِتْش تعْنيلْها حاجة، خاطِرْها كانِت في بْلاصة مُنْعزْلة سِياسِيًّا.
5. حومِتْهُم كانِت رايْضة برْشا والنّاس تقْعد قُدّام دْيارْها وإلّا تِتْمشّى عادي.
6. خاطِر القيِّم العامّ هدّدْها بِالْأصْفار.
7. عامِةْ الثّوْرة.
8. ضيْعِت التّليفون والپي سي مْتاعْها.
9. قعْدِت تِبْكي وما صدْقِتْش فمّا شْكون باش يعاوِنْها.
10. طْفُل إسْمو أمين والنّاس اللي كانو في المحطّة.
11. عْطاها الپي سي مْتاعو باش تْقدّم بيه الأُطْروحة.
12. هناء، صاحْبِةْ المْرا اللي كانِت في المحطّة.
13. كانِت قاضْية.
14. قالتِلْها ما تِتْوتّرْش وتحْكي كايِنْها تْفهّم في صْغار.
15. قدْمِت أُطْروحة مُمْتازة وتْحصْلِت عْلى مُلاحظْة حسن جِدًّا.
16. لْقات المْرا اللي كانِت في الميترْو.
17. جابِتْهولْها المْرا خاطْرو طاح مِنْها في الميترْو.
18. لْقاه المُنظّف في محطِّةْ برْشلونة وسلْمو.
19. تْعلْمِت إنّو ما تحْكمْش عْلى النّاس قْبل ما تعْرف الحْقيقة.
20. بْقاوْ أصْحابْها هناء وأمين وصاحْبِةْ هناء.

1. Somayya, who was going to present her Ph.D. thesis in Common Law.
2. Because she hadn't eaten for almost a week and was surviving on bread and cheese.
3. He left the tram waiting while he went to buy cigarettes and have coffee.
4. It meant nothing to her because she lived in a politically isolated area.
5. Their neighborhood was very calm with people sitting in front of their homes or walking around normally.
6. Because the dean threatened her with failing grades.
7. In the year of the revolution.
8. She lost her phone and laptop.
9. She sat crying and couldn't believe anyone would help her.
10. A young man named Amin and the people at the station.
11. He gave her his laptop to present her thesis.
12. Hana, the friend of the woman who was at the station.
13. She was a judge.
14. Told her not to be nervous and to speak as if explaining to children.
15. She presented an excellent thesis and received a "Very Good" grade.
16. She found the woman from the tram.
17. The woman brought it back because it had fallen from Somayya in the tram.
18. The cleaner found it at Barcelona Station and turned it in.
19. She learned not to judge people before knowing the truth.
20. Her friends remained Hana, Amin, and Hana's friend.

Summary

Read the scrambled summary of the story below. Write the correct number (1–10) in the blank next to each event to show the proper sequence.

___ نجْحِت بمْلاحظْة حسن جِدًّا.

___ طلْعِت سُميّة عالميتْرو باش تْقدّم أُطْروحِةْ الدُّكْتورا.

___ المُنظّف لْقالْها البي سي ورجّْعو.

___ قعْدِت مْرا بِجْنب سُميّة وحْكاتِلْها قصِّتْها الحْزينة.

___ الشّوفور وخّر الميتْرو باش يِشْري دُخّان ويعْمل قهْوة.

___ وصْلِت لِلْجامْعة وقدّْمِت الأُطْروحة.

___ جابتِلْها المْرا التّليفون اللي طاح مِنْها.

___ هبْطِت سُميّة في محطِّةْ برْشلونة وخلّات البي سي مْتاعْها.

___ طْفُل إسْمو أمين وناس أُخْرين عاوْنوها.

___ فاقِت بِالتّليفون ضاع ورجْعِت لِلْمحطّة.

Key to the Summary

1   Somayya boarded the tram to present her Ph.D. thesis.

10 The cleaner found and returned her laptop.

3   A woman sat next to Somayya and told her sad story.

2   The driver delayed the tram to buy cigarettes and have coffee.

7   She arrived at the university and presented her thesis.

9   The woman brought back the phone that had fallen from her.

4   Somayya got off at Barcelona Station and left her laptop.

6   A young man named Amin and others helped her.

5   She discovered her phone was missing and returned to the station.

Tunisian Arabic Readers Series

www.lingualism.com/tar

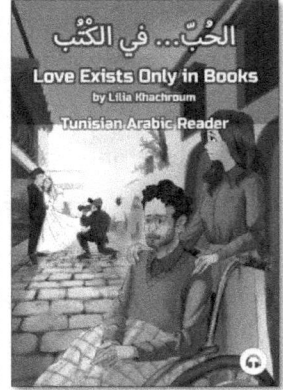

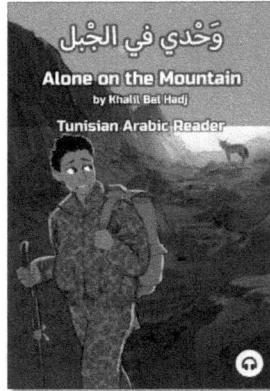

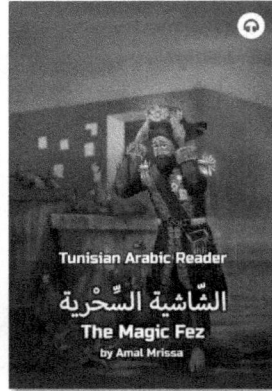

زعْما مازال فمّا
الخيرْ في الدِّنْيا؟
Is There Still Good in the World?
by Amal Mrissa
Tunisian Arabic Reader

بابا، نجْم الكورة
My Dad, the Soccer Star
by Rached Khalledi
Tunisian Arabic Reader

الحُبّ... في الكْتُب
Love Exists Only in Books
by Lilia Khachroum
Tunisian Arabic Reader

وَحْدي في الجْبل
Alone on the Mountain
by Khalil Bel Hadj
Tunisian Arabic Reader

Tunisian Arabic Reader
الشّاشية السِّحْرية
The Magic Fez
by Amal Mrissa